OCÉAN PACIFIQUE
OCÉAN INDIEN
TARTIQUE

La Geste
11, rue Norman-Borlaug
79260 La Crèche
05 49 05 37 22
www.gesteditions.com

Par ce logo, nous témoignons d'une volonté de réduire les impacts environnementaux liés aux activités de l'imprimerie. Nous choisissons un imprimeur impliqué dans la réduction des gaz à effet de serre. Le choix de nos papiers assure que la production a été faite à partir d'un produit à base de bois et a suivi le cahier des charges d'une gestion durable des forêts européennes.
Achevé d'imprimer chez Roto en Union Européenne en Avril 2018.

Loi n° 49-956 du 16 juillet 1949 sur les publications destinées à la jeunesse.

Mise en page : Les ateliers Geste
Photographies : © Fotolia
Correction : IGS-CP

Dépôt légal premier semestre 2018

LES P'TITS SECRETS DE L'OCÉAN

Véronique HERMOUET – Luc TURLAN

NOM : Lambert
PRÉNOM : Emma
VILLE :

LES MINI-GUIDES DÉCOUVERTE

la petite école de Crapoto

Petit Geste

– Bonjour Crapoto ! Tu es heureux d'être au bord de l'océan ?

– Oui, Jonathan, je trouve que c'est magique.

– C'est surtout un milieu d'une richesse incroyable. Sais-tu que la France métropolitaine possède **5 853 km de côtes** ?

Nous sommes entourés de la Manche, de l'Océan Atlantique et de la Méditerrannée. Suis-moi, je vais te faire découvrir quelques-uns des secrets de l'océan.

LE LITTORAL FRANÇAIS
LONGUEUR DES CÔTES FRANÇAISES
MANCHE : 1759 KM
ATLANTIQUE : 2 400 KM
MÉDITERRANÉE
AVEC LA CORSE : 1694 KM
MANCHE
OCÉAN ATLANTIQUE
MER MÉDITERRANNÉE
Dunkerque
Boulogne-sur-Mer
Dieppe
Fécamp
Cherbourg
Port-en-Bessin
Granville
Saint-Malo
Brest
Lorient
Quiberon
Noirmoutiers
Ile d'Yeu
St-Gilles-Croix-de-Vie
Les Sables Olonne
Ile de Ré
La Rochelle
Ile d'Oléron
Royan
Arcachon
Biarritz
St-Jean-de-Luz
Sète
Marseille
Nice

– Pour commencer, tu dois savoir qu'il y a 5 océans qui couvrent **71%** de la surface du globe. Cette masse d'eau gigantesque bouge en permanence.

– Tu parles des vagues?

– Oui, **les vagues** qui sont formées par le vent et aussi **les marées** qui sont dues à l'attraction de la lune et du soleil. Puis il y a les courants marins qui sont le résultat de plusieurs choses: la rotation de la Terre, les différences de températures et de concentration en sel de l'eau. Ces courants marins ont un impact important sur les climats.

IL Y A CHAQUE JOUR DEUX MARÉES HAUTES ET DEUX MARÉES BASSES.
LA PARTIE QUI EST DÉCOUVERTE À CHAQUE MARÉE S'APPELLE L'ESTRAN.

AU MOMENT DE LA FORMATION DE LA TERRE DES PLUIES ABONDANTES CHARGÉES EN CHLORE ONT ÉRODÉ LES ROCHES EN ENTRAÎNANT DES PARTICULES MINÉRALES VERS L'OCÉAN. LA COMBINAISON DE CES PRODUITS A DONNÉ LE SEL CONTENU DANS L'EAU DE MER.

CE N'EST PAS LE CIEL QUI SE REFLÈTE DANS L'OCÉAN QUI LUI DONNE SA COULEUR BLEUE. C'EST PARCE QUE L'EAU ABSORBE LES COULEURS DE LA LUMIÈRE ET NE RENVOIE QUE LE BLEU ET LE VERT.

DANS UN LITRE D'EAU DE MER IL Y A ENVIRON 37 GRAMMES DE SEL. DANS LA MER MORTE IL Y EN A PRESQUE 300 GRAMMES PAR LITRE.

– Sous la surface de l'océan, **la vie foisonne** !
– Je sais : il y a des poissons !
– Exact, Crapoto. Mais aussi des mollusques, des mammifères marins et de nombreuses autres espèces. Ces animaux ne vivent pas tous à la même profondeur ni aux mêmes températures. C'est pour cela qu'il existe des bateaux de pêche très différents en fonction des poissons qu'on veut attraper !

LES POISSONS POSSÈDENT UN ORGANE SENSORIEL SITUÉ LE LONG DES FLANCS : LA LIGNE LATÉRALE. ELLE LEUR PERMET DE PERCEVOIR LES VIBRATIONS DE L'EAU, DONC DE S'ORIENTER, MÊME DANS L'OBSCURITÉ, ET DE DÉTECTER DES PROIES OU DES PRÉDATEURS

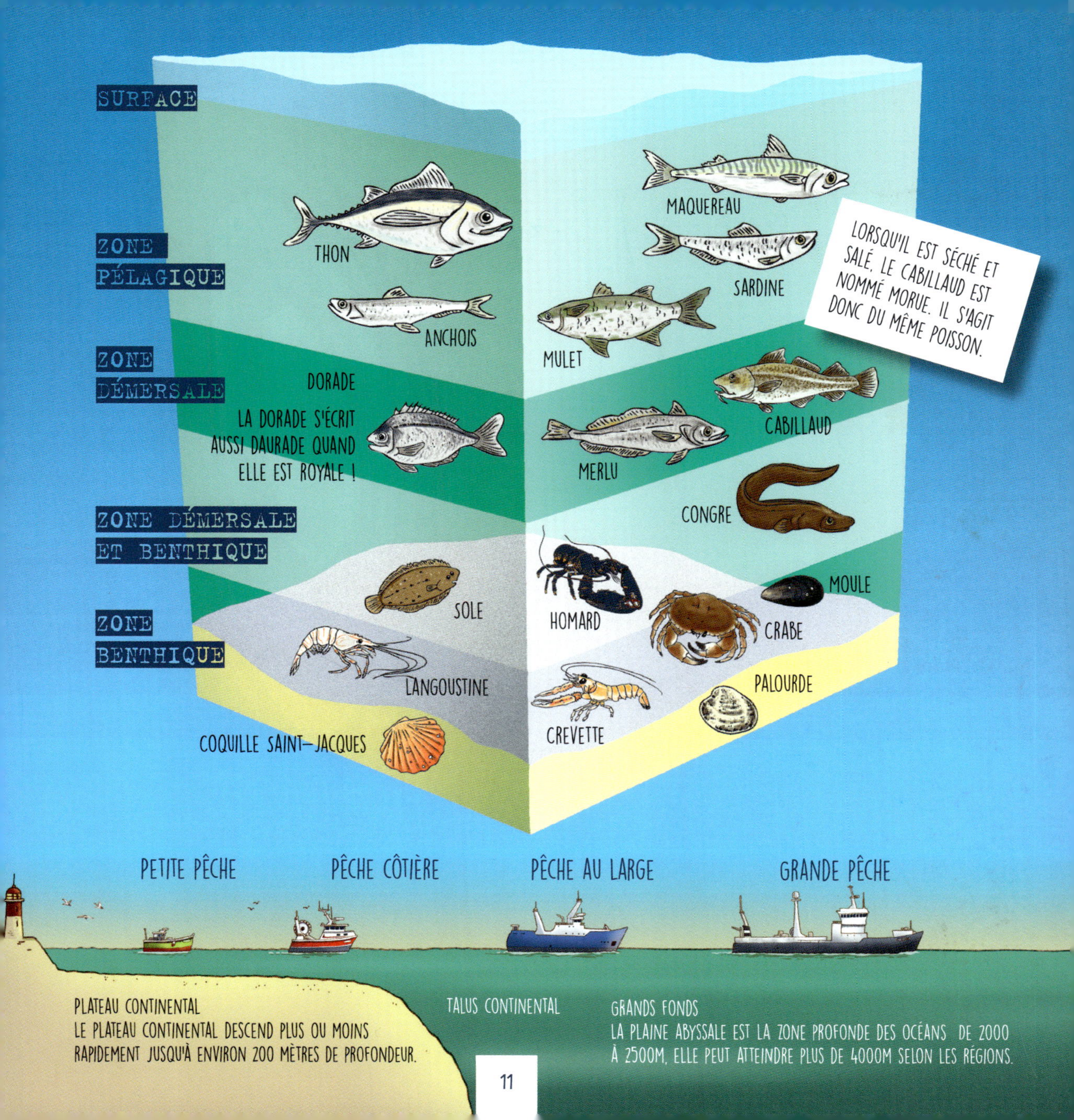
SURFACE
ZONE PÉLAGIQUE
ZONE DÉMERSALE
ZONE DÉMERSALE ET BENTHIQUE
ZONE BENTHIQUE
THON
MAQUEREAU
SARDINE
ANCHOIS
MULET
LORSQU'IL EST SÉCHÉ ET SALÉ, LE CABILLAUD EST NOMMÉ MORUE. IL S'AGIT DONC DU MÊME POISSON.
DORADE
LA DORADE S'ÉCRIT AUSSI DAURADE QUAND ELLE EST ROYALE !
CABILLAUD
MERLU
CONGRE
MOULE
HOMARD
SOLE
CRABE
LANGOUSTINE
PALOURDE
CREVETTE
COQUILLE SAINT-JACQUES
PETITE PÊCHE
PÊCHE CÔTIÈRE
PÊCHE AU LARGE
GRANDE PÊCHE
PLATEAU CONTINENTAL
LE PLATEAU CONTINENTAL DESCEND PLUS OU MOINS RAPIDEMENT JUSQU'À ENVIRON 200 MÈTRES DE PROFONDEUR.
TALUS CONTINENTAL
GRANDS FONDS
LA PLAINE ABYSSALE EST LA ZONE PROFONDE DES OCÉANS DE 2000 À 2500M, ELLE PEUT ATTEINDRE PLUS DE 4000M SELON LES RÉGIONS.

– Tu as dejà vu des dauphins ou des baleines, Jonathan?
– Oui, bien sûr, Crapoto. **Les cétacés** sont fascinants. La baleine est le plus gros animal ayant jamais existé sur la Terre. Même le plus gros des dinosaures n'a jamais atteint une telle taille.
– Elles doivent manger beaucoup!
– Certaines baleines avalent jusqu'à 4 tonnes de nourriture par jour. Mais uniquement des petites crevettes, du krill, ou des petits poissons. Et pour se nourrir, elles peuvent parcourir près de 20 000 kilomètres par an.

LES CÉTACÉS, COMME LA BALEINE OU LE DAUPHIN, NE SONT PAS DES POISSONS MAIS DES MAMMIFÈRES. ILS RESPIRENT À LA SURFACE ET ALLAITENT LEURS PETITS.

LES PLUS GRANDES BALEINES PEUVENT MESURER 30 MÈTRES DE LONG POUR PLUS DE 150 TONNES !

LA TEMPÉRATURE DES BALEINES EST D'ENVIRON 37°C. POUR LA MAINTENIR DANS LES EAUX FROIDES, ELLES ONT UNE COUCHE DE GRAISSE QUI PEUT ATTEINDRE 50 CM D'ÉPAISSEUR.

LE CACHALOT PEUT PLONGER À PLUS DE 1000 MÈTRES DE PROFONDEUR ET RESTER AU FOND DE L'EAU SANS RESPIRER DURANT 90 MN.

– Tu as de la chance d'être un oiseau et de pouvoir survoler l'océan, Jonathan !

– C'est vrai. Et les oiseaux de mer détiennent de nombreux records. **Le cormoran**, par exemple, est un excellent pêcheur et peut plonger jusqu'à 35 mètres de profondeur ! **L'albatros hurleur**, lui, peut atteindre 3,70 mètres d'envergure. Le record du monde des oiseaux ! Et ils sont tous différents.

– Et toi, Jonathan, on ne te prend pas pour une **mouette** parfois ?

– Non, **les goélands** ont une tache orange sous le bec. Facile à reconnaître !

CERTAINS OISEAUX DE MER NE VOLENT PAS, COMME LES MANCHOTS. MAIS ILS NAGENT TRÈS BIEN !

L'ALBATROS PASSE 90% DE SA VIE EN VOL. C'EST UN FABULEUX PLANEUR QUI PEUT PARCOURIR PLUS DE 10 000 KILOMÈTRES D'UNE TRAITE. ON PENSE MÊME QU'IL DORT EN VOLANT.

LES PLUMES DU CORMORAN NE SONT PAS TOTALEMENT IMPERMÉABLES POUR LUI PERMETTRE DE PLONGER PLUS PROFONDÉMENT. ALORS APRÈS LA PÊCHE IL EST OBLIGÉ DE FAIRE SÉCHER SES AILES AU SOLEIL.

LES MACAREUX SONT CAPABLES DE CREUSER DES TERRIERS JUSQU'À 2 VOIRE 3 MÈTRES DE PROFONDEUR.

– **Les phares** éclairent-ils la mer pour les marins?
– Non, Crapoto. Les phares sont des points de répères. Tu vois ce faisceau lumineux qui tourne dans le ciel. On dirait que le phare clignote. Et bien, les clignotements des phares sont différents les uns des autres. Certains vont vite, d'autres plus lentement. Parfois les éclats de lumière sont plus longs. Toutes ces différences permettent de les reconnaître. Ainsi les marins savent où ils sont, même si, maintenant, tous les bateaux sont équipés de GPS.

DES HISTOIRES RACONTENT QUE DES NAUFRAGEURS, SORTES DE BANDITS, ALLUMAIENT DES FEUX SUR LA CÔTE POUR ATTIRER LES NAVIRES SUR DES ROCHERS OÙ ILS FAISAIENT NAUFRAGES ET ÉTAIENT PILLÉS. HEUREUSEMENT, C'EST UNE LÉGENDE.

ON DÉNOMBRE 135 PHARES EN FRANCE, DONT 32 SONT EN PLEINE MER. 36 SEULEMENT SONT OUVERTS AUX VISITEURS.

LANDES

PHARE DE CONTIS

4 ÉCLATS BLANCS

TOUTES LES 25 S

AU LARGE DE LA BRETAGNE

PHARE D'AR-MEN

3 ÉCLATS BLANCS

TOUTES LES 20 S

PAYS BASQUE

PHARE DE BIARRITZ

2 ÉCLATS BLANCS

TOUTES LES 10 S

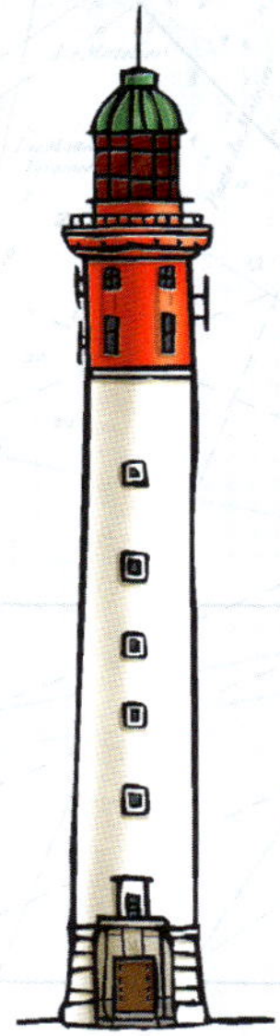

BASSIN D'ARCACHON

PHARE DU CAP FERRET

1 ÉCLAT ROUGE

TOUTES LES 5 S

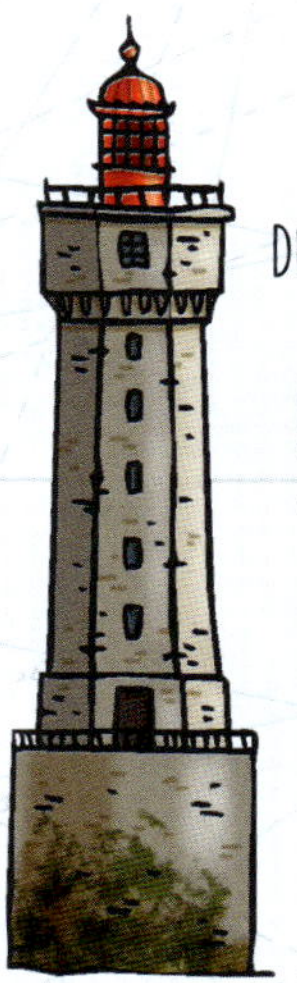

AU LARGE DE L'ÎLE D'OUESSANT

PHARE DE LA JUMENT

3 ÉCLATS ROUGES

TOUTES LES 15 S

ILE D'OLÉRON

PHARE DE CHASSIRON

1 ÉCLAT BLANC

TOUTES LES 10 S

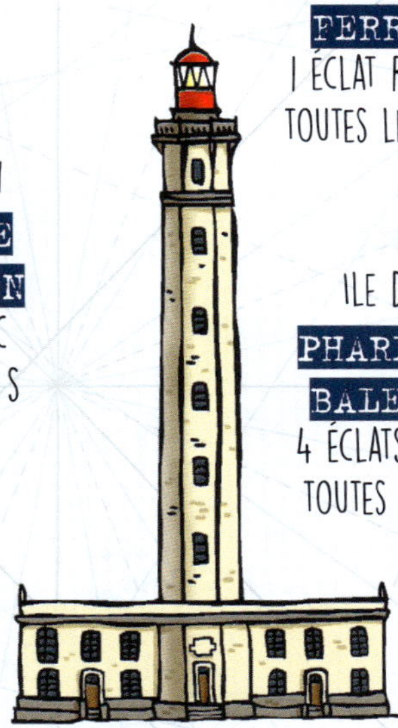

ILE DE RÉ

PHARE DES BALEINES

4 ÉCLATS BLANCS

TOUTES LES 15 S

– L'océan est aussi un endroit extraordinaire pour la détente, les loisirs ou le sport.

– Ah, oui ! Je vais toujours en vacances au bord de l'océan.

– Donc tu sais que tu peux pratiquer **des tas d'activités**, comme le surf, le paddle, ou le char à voile sur les plages, par exemple.

– Oui, je nage beaucoup aussi. Et mon activité favorite, c'est **la plongée sous-marine** !

EN PLONGÉE SOUS-MARINE, ON RESPIRE GRÂCE À UNE RÉSERVE D'AIR, ON VOIT GRÂCE À UN MASQUE, ON AVANCE AVEC DES PALMES. ON MET SOUVENT UNE COMBINAISON POUR LUTTER CONTRE LE FROID.

POUR COMMUNIQUER SOUS L'EAU, LES PLONGEURS UTILISENT DES SIGNES AVEC LES MAINS. C'EST UN LANGAGE SOMMAIRE MAIS EFFICACE.

C'EST DE L'AIR COMPRIMÉ QUI SE TROUVE DANS LES BOUTEILLES DE PLONGÉE ET NON DE L'OXYGÈNE.

– Même en se promenant simplement **sur une plage** on fait des découvertes.

– J'adore ramasser des coquillages, moi. Mais parfois je remarque des choses étranges. Par exemple, ces petits tortillons, là, c'est quoi ?

– Ce sont des vers arénicoles ! Et si tu regardes bien sur les rochers tu verras des balanes.

– Et... Aïe ! Ça, c'est un crabe...

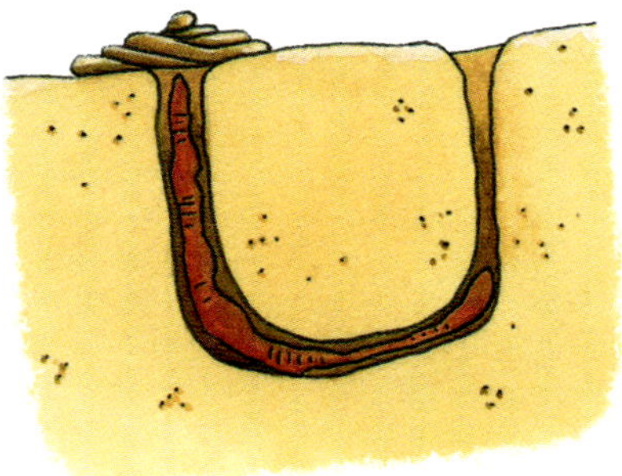

LES ARÉNICOLES ASPIRENT LE SABLE POUR SE NOURRIR DE CE QU'IL CONTIENT ET REJETTENT LE RESTE EN PETITS TORTILLONS HORS DE LEUR TROU.

LE CRABE A DIX PATTES AU TOTAL. DEUX DE SES PATTES SONT TERMINÉES PAR DES PINCES. C'EST COMME ÇA QU'IL SE DÉFEND ET ATTRAPPE SA NOURRITURE.

CONTRAIREMENT AU CRABE, LE BERNARD-L'ERMITE N'A PAS DE CARAPACE. POUR SE PROTÉGER IL S'INSTALLE DONC DANS UN COQUILLAGE ABANDONNÉ QUI LUI SERT DE REFUGE. ET RÉGULIÈREMENT IL CHANGE DE COQUILLE.

LES ÉTOILES DE MER EXISTENT DEPUIS 500 MILLIONS D'ANNÉES.

SES CINQ BRANCHES SONT TRÈS PUISSANTES. UNE ÉTOILE DE MER PEUT SE COLLER SUR UN COQUILLAGE ET L'OUVIR POUR LE DÉVORER.

SI PAR MALHEUR UNE DE SES BRANCHES EST COUPÉE, CELLE-CI REPOUSSE COMPLÈTEMENT !

CES PETITS VOLCANS ACCROCHÉS SUR LES ROCHERS SONT DES BALANES. DES CRUSTACÉS QUI VIVENT TOUJOURS ACCROCHÉS À QUELQUE CHOSE. ON EN TROUVE SUR LES COQUES DES BATEAUX, SUR LES BOUÉES MARINES.

– **L'océan est précieux**, Crapoto. Il faut tout faire pour le préserver. Hélas, les sources de pollution se sont multipliées. Depuis des dizaines d'années, l'homme détruit petit-à-petit ce merveilleux espace naturel. Heureusement, de nombreuses associations luttent contre cette dégradation et des actions sont menées régulièrement pour sensibiliser les populations du monde entier.

– C'est vrai, commençons déjà par faire attention à notre comportement et évitons de jeter n'importe quoi n'importe où!

L'ESTRAN EST TRÈS FRAGILE. QUAND ON PRATIQUE LA PÊCHE À PIED, IL FAUT ÊTRE TRÈS RESPECTUEUX ET BIEN REMETTRE LES ROCHERS À LEUR PLACE SINON IL FAUDRA PLUSIEURS DIZAINES D'ANNÉES POUR RECONSTITUER L'ÉCOSYSTÈME DÉTRUIT.

L'EAU EST PRÉCIEUSE

LES OCÉANS RECOUVRENT UNE GRANDE SURFACE DU GLOBE, MAIS CETTE COUCHE D'EAU EST TRÈS MINCE. LA QUANTITÉ D'EAU PAR RAPPORT À LA TERRE EST MINIME.

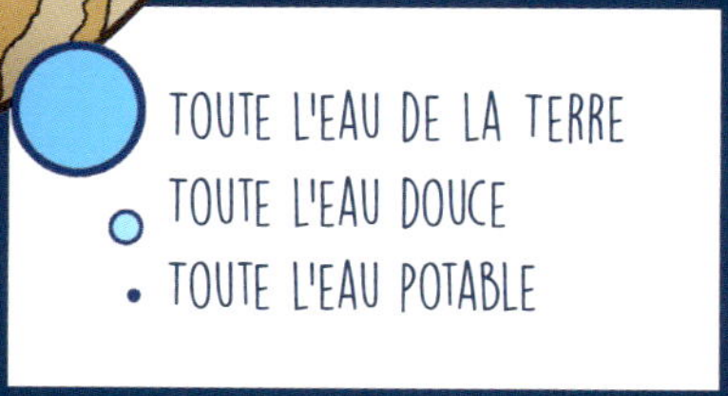

DANS LE PACIFIQUE NORD UNE VÉRITABLE DÉCHARGE FLOTTANTE DÉRIVE.
CONSTITUÉE DE PLASTIQUES ET DE DÉCHETS EN TOUS GENRES, ELLE FAIT PLUS DE 3,4 MILLIONS DE KM^2, SOIT 6 FOIS LA SURFACE DE LA FRANCE !

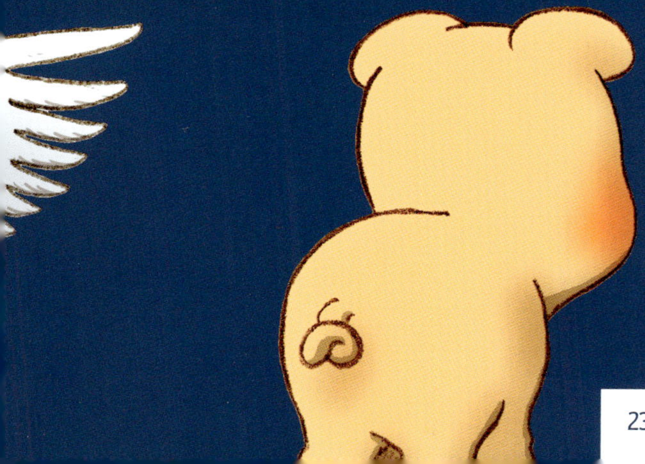

– **Il reste beaucoup à étudier,** encore, dans l'océan. L'iguane des Galapagos par exemple, le seul lézard marin du monde. Il semble sortir tout droit de la Préhistoire. Ou les tortues marines qui peuvent passer plusieurs années en mer et parcourir des centaines de kilomètres sans point de repère pour revenir sur la plage où elles sont nées et y pondre à leur tour.

– En effet c'est passionnant…

– Il y a aussi les animaux des grands fonds que nous avons du mal à observer et dont nous ignorons tant de choses.

L'ENDROIT CONNU LE PLUS PROFOND DES OCÉANS EST LA FOSSE DES MARIANNES, ENTRE LE JAPON ET L'AUSTRALIE. ON A MESURÉ LE POINT LE PLUS BAS À PRESQUE 11000 MÈTRES SOUS LA SURFACE. BIEN SÛR, ON NE PÊCHE PAS AUSSI PROFOND !

LA BAUDROIE ABYSSALE PEUT VIVRE À 2000 MÈTRES DE PROFONDEUR. IL N'Y A PLUS AUCUNE LUMIÈRE ET LES PROIES SONT RARES. POUR LES ATTIRER, ELLE DISPOSE D'UNE ANTENNE LUMINEUSE QUI LUI SERT D'APPÂT. SA BOUCHE IMMENSE LUI PERMET D'AVALER DES POISSONS AUSSI GROS QU'ELLE.

LES TORTUES PONDENT LEURS ŒUFS DANS LE SABLE. SI LA TEMPÉRATURE DU NID EST D'ENVIRON 30°, IL NAÎTRA AUTANT DE MÂLES QUE DE FEMELLES. SI LA TEMPÉRATURE EST PLUS BASSE, IL AURA PLUS DE MÂLES ET SI ELLE EST PLUS ÉLEVÉE IL Y AURA PLUS DE FEMELLES.

– Merci pour cette balade autour du monde, Jonathan, peut-être qu'un jour je pourrai, comme toi, parcourir les océans et, qui sait, faire de nouvelles découvertes !

– Bien sûr, Crapoto. En attendant, si tu es intéressé, tu peux te rendre dans l'un des nombreux **aquariums** à La Rochelle, Boulogne-sur-mer ou Saint-Malo. Il y a aussi des **musées** spécialisés, comme la **Cité de la Mer** à Cherbourg, **Océanopolis** à Brest, le **Musée Océanographique** de Monaco, la **Cité de l'Océan** à Biarritz et je ne les nomme pas tous. Il y en beaucoup...

– J'irai, c'est certain. Au revoir et à bientôt !

Joue avec Crapoto

Jeu 1

QUEL CHEMIN DOIT PRENDRE LE POISSON CLOWN POUR REJOINDRE SON ANÉMONE ?

Jeu 2

QUELLE EST LA BONNE OMBRE ?

QUELLES SONT LES 5 DIFFÉRENCES ENTRE CES DEUX IMAGES ?

Emma Lambert